мәктәп - el colegio — 2
сәяхәт - el viaje — 5
транспорт - el transporte — 8
шәһәр - la ciudad — 10
ландшафт - el paisaje — 14
ресторан - el restaurante — 17
супермаркет - el supermercado — 20
эчемлекләр - las bebidas — 22
азык - la comida — 23
ферма - la granja — 27
йорт - la casa — 31
кунак бүлмәсе - el living — 33
аш бүлмәсе - la cocina — 35
ванна бүлмәсе - el baño — 38
балалар бүлмәсе - el cuarto de los chicos — 42
кием - la ropa — 44
офис - la oficina — 49
икътисад - la economía — 51
профессияләр - las ocupaciones — 53
кораллар - las herramientas — 56
музыкаль инструментлар - los instrumentos musicales — 57
зоопарк - el zoológico — 59
спорт төрләре - los deportes — 62
хәрәкәт - las actividades — 63
гаилә - la familia — 67
тән - el cuerpo — 68
хастаханә - el hospital — 72
кичектергесез хәл - la emergencia — 76
җир - la Tierra — 77
сәгать - el reloj — 79
атна - la semana — 80
ел - el año — 81
формалар - las formas — 83
төсләр - colores — 84
капма-каршылыклар - los opuestos — 85
саннар - los números — 88
телләр - los idiomas — 90
кем / нәрсә / ничек - quién / qué / cómo — 91
кайда - dónde — 92

AF222197

Impressum
Verlag: BABADADA GmbH, Nedderfeld 112 , 22529 Hamburg
Geschäftsführer / Verlagsleitung: Harald Hof
Druck: Books on Demand GmbH, In de Tarpen 42, 22848 Norderstedt

Imprint
Publisher: BABADADA GmbH, Nedderfeld 112 , 22529 Hamburg, Germany
Managing Director / Publishing direction: Harald Hof
Print: Books on Demand GmbH, In de Tarpen 42, 22848 Norderstedt

мәктәп

el colegio

сыйныф бүлмәсе
el aula
бүлү
dividir
186/2
такта
el pizarrón
мәктәп ишегалдысы
el patio de la escuela
укытучы
el maestro
кәгазь
el papel
язу
escribir
ручка
la birome
язу өстәле
el escritorio
линейка
la regla
китап
el libro
укучы
el alumno

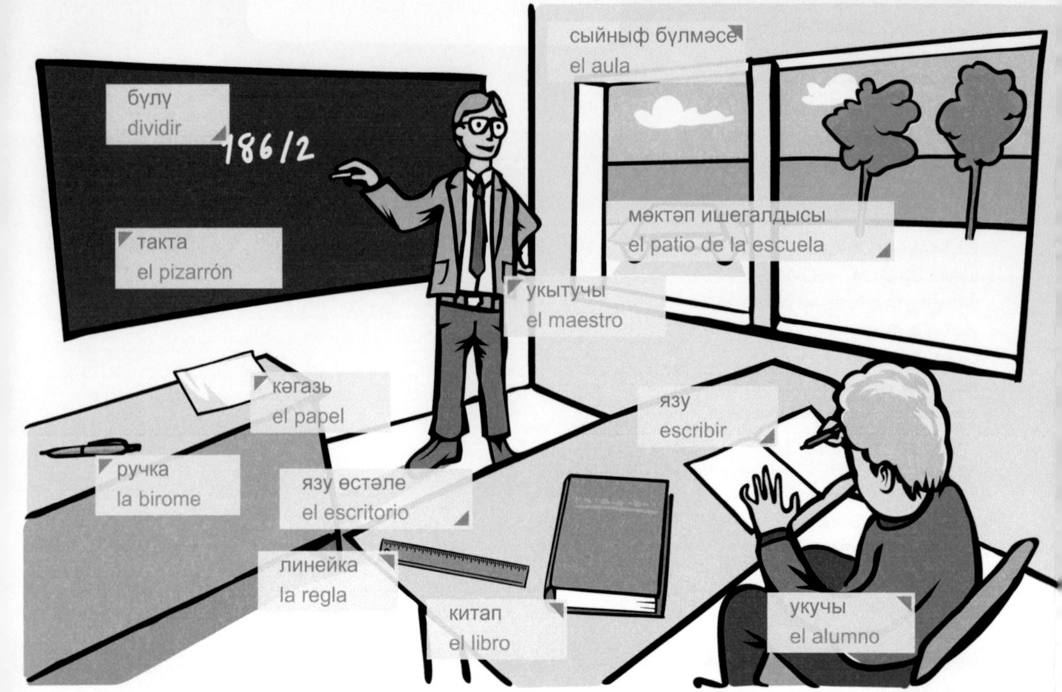

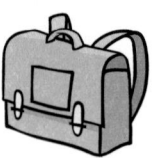

букча

la mochila

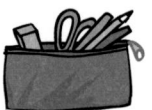

пенал

la caja de lápices

каләм

el lápiz

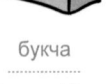

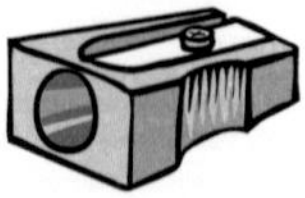

каләм очлагыч

el sacapuntas

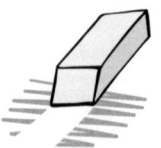

бетергеч

la goma (de borrar)

рәсем ясау өчен альбом

el bloc de dibujo

рәсем

el dibujo

кисточка

el pincel

буяулар тартмасы

la caja de pinturas

кайчы

la tijera

җилем

el pegamento

дәфтәр

el cuaderno de ejercicios

өйгә эш

la tarea

сан

el número

сан

кушу

sumar

алу

restar

тапкырлау

multiplicar

исәпләү

calcular

хәреф

la letra

алфавит

el abecedario

сүз

la palabra

текст

el texto

уку

leer

акбур

la tiza

дәрес

la lección

сыйныф журналы

el cuaderno de clase

имтихан

el examen

диплом

el certificado

мәктәп формасы

el uniforme escolar

мәгариф

la educación

энциклопедия

la enciclopedia

университет

la universidad

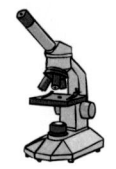

микроскоп

el microscopio

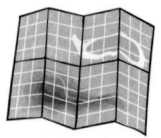

карта

el mapa

кәгазь өчен кәрҗин

el tacho (de basura)

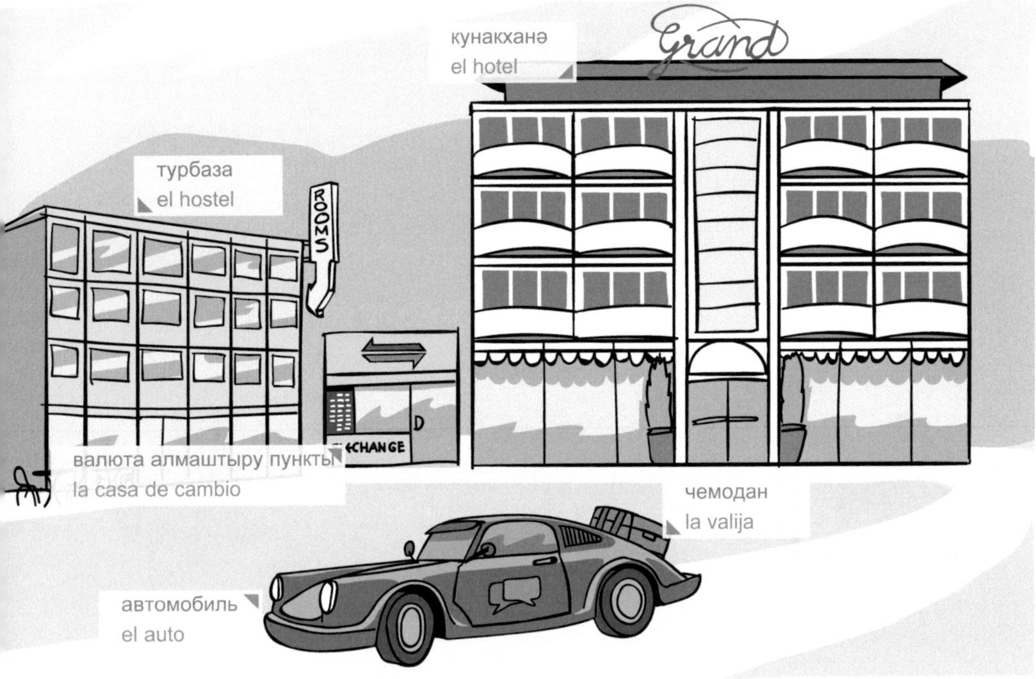

кунакханә
el hotel
Grand
турбаза
el hostel
ROOMS
EXCHANGE
валюта алмаштыру пункты
la casa de cambio
чемодан
la valija
автомобиль
el auto

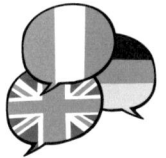

тел

el idioma

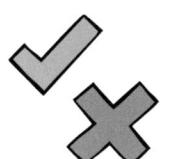

әйе / юк

sí / no

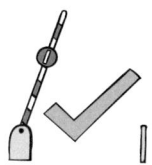

яхшы

Está bien

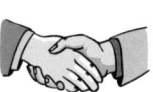

сәлам

hola

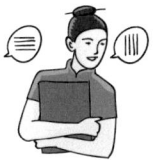

тәрҗемәче

el traductor

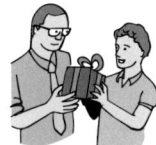

Рәхмәт

Gracias

Күпме тора...?

¿cuánto cuesta...?

Мин аңламыйм

No entiendo

проблема

el problema

Хәерле кич!

¡Buenas tardes!

Хәерле иртә!

¡Buenos días!

Тыныч йокы!

¡Buenas noches!

хушыгыз

el adiós

юнәлеш

la dirección

багаж

el equipaje

букча

el bolso

рюкзак

la mochila

кунак

el invitado

бүлмә

la habitación

йоклар өчен капчык

la bolsa de dormir

палатка

la carpa

туристик мәгълүмат

la información turística

пляж

la playa

кредит картасы

la tarjeta de crédito

иртәнге аш

el desayuno

төш

el almuerzo

кичке аш

la cena

билет

el pasaje

лифт

el ascensor

почта маркасы

el sello

чик

la frontera

таможня

la aduana

илчелек

la embajada

виза

la visa

паспорт

el pasaporte

транспорт
el transporte

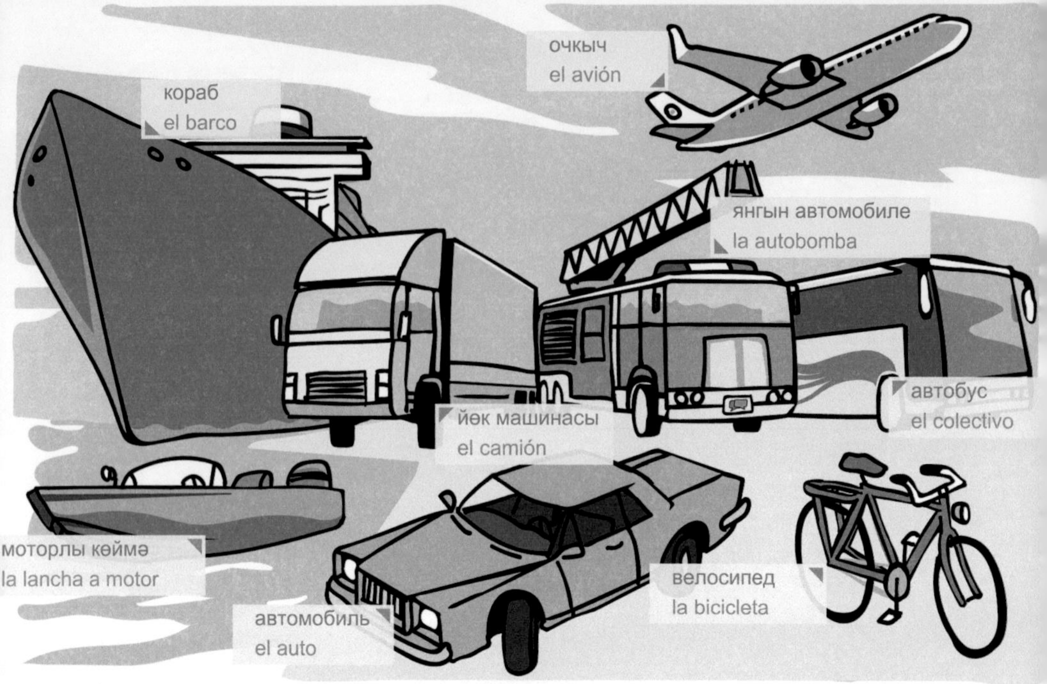

очкыч
el avión

кораб
el barco

янгын автомобиле
la autobomba

автобус
el colectivo

йөк машинасы
el camión

моторлы көймә
la lancha a motor

велосипед
la bicicleta

автомобиль
el auto

паром

el ferry

көймә

el bote

мотоцикл

la moto

полиция автомобиле

el patrullero

узыш автомобиле

el auto de carreras

вакытлыча алып торган
автомобиль

el auto de alquiler

Автомобильләр белән уртак файдалану

el alquiler de autos

буксирлау автомобиле

la grúa

чүп ташучы

el camión de la basura

двигатель

el motor

ягулык

la nafta

заправка

la estación de servicio

юл билгесе

la señal de tránsito

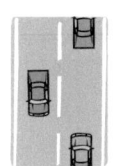

хәрәкәт

el tránsito

бөке

el embotellamiento

автомобиль тукталышы

el estacionamiento

вокзал

la estación de tren

рельслар

las vías

поезд

el tren

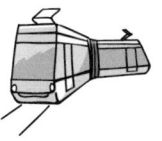

трамвай

el tranvía

вагон

el vagón

вертолет

el helicóptero

аэропорт

el aeropuerto

каланча

la torre

юлчы

el pasajero

контейнер

el contenedor

тартма

la caja de cartón

арба

la carretilla

кәрзинкә

la canasta

очу / җиргә төшү

despegar / aterrizar

шәһәр

la ciudad

авыл

el pueblo

шәһәр үзәге

el centro de la ciudad

йорт

la casa

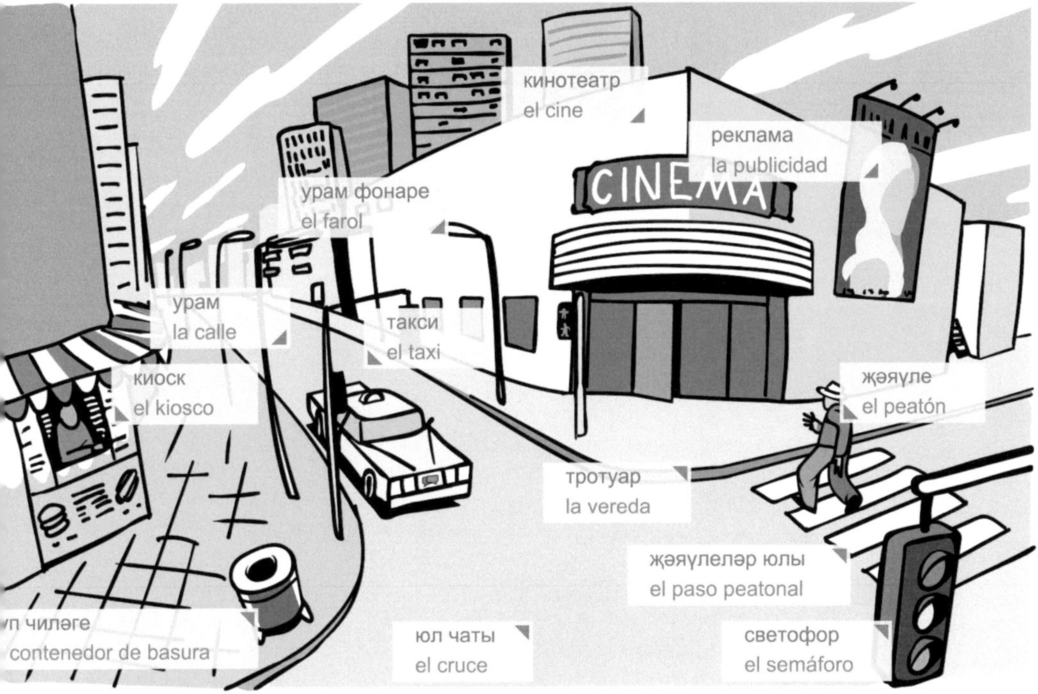

кинотеатр
el cine

реклама
la publicidad

урам фонаре
el farol

CINEMA

урам
la calle

такси
el taxi

киоск
el kiosco

җәяүле
el peatón

тротуар
la vereda

җәяүлеләр юлы
el paso peatonal

п чиләге
contenedor de basura

юл чаты
el cruce

светофор
el semáforo

алачык

la cabaña

фатир

el departamento

вокзал

la estación de tren

ратуша

la municipalidad

музей

el museo

мәктәп

el colegio

университет

la universidad

банк

el banco

хастаханә

el hospital

кунакханә

el hotel

даруханә

la farmacia

офис

la oficina

китап кибете

la librería

кибет

el negocio

чәчәк кибете

la florería

супермаркет

el supermercado

базар

el mercado

универмаг

las grandes tiendas

балык кибете

la pescadería

сәүдә үзәге

el centro comercial

порт

el puerto

парк

el parque

эскәмия

el banco

күпер

el puente

баскыч

las escaleras

метро

el subte

тоннель

el túnel

автобус тукталышы

la parada del colectivo

бар

el bar

ресторан

el restaurante

почта тартмасы

el buzón

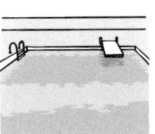

урам исеме язылган такта

el letrero

паркометр

el parquímetro

зоопарк

el zoológico

бассейн

la pileta

мәчет

la mezquita

ферма

la granja

әйләнә-тирә мохитне пычрату

la contaminación

зират

el cementerio

чиркәү

la iglesia

балалар мәйданчыгы

los juegos infantiles

гыйбадәтханә

el templo

ландшафт
el paisaje

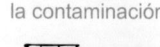

бит
la hoja

юл күрсәткече
el poste indicador

юл
el camino

болын
la pradera

таш
la piedra

агач
el árbol

сәяхәтче
el excursionista

елга
el río

үлән
la hierba

чәчәк
la flor

үзән

el valle

тау

la montaña

күл

el lago

урман

el bosque

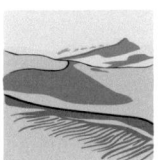

чүл

el desierto

вулкан

el volcán

йозак

el castillo

салават күпере

el arco iris

гөмбә

el champiñón

пальма

la palmera

черки

el mosquito

чебен

la mosca

кырмыска

la hormiga

корт

la abeja

үрмәкүч

la araña

коңгыз

el escarabajo

бака

la rana

тиен

la ardilla

керпе

el erizo

куян

la liebre

ябалак

la lechuza

кош

el pájaro

аккош

el cisne

кабан дуңгызы

el jabalí

болан

el ciervo

поши

el alce

буа

la presa

җил генераторы

el aerogenerador

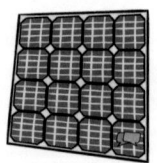

кояш батареясы

el panel solar

климат

el clima

ресторан
el restaurante

официант
el mozo
меню
el menú
утыргыч
la silla
аш
la sopa
пицца
la pizza
ашханә приборлары
los cubiertos
ашъяулык
el mantel

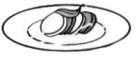

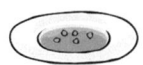

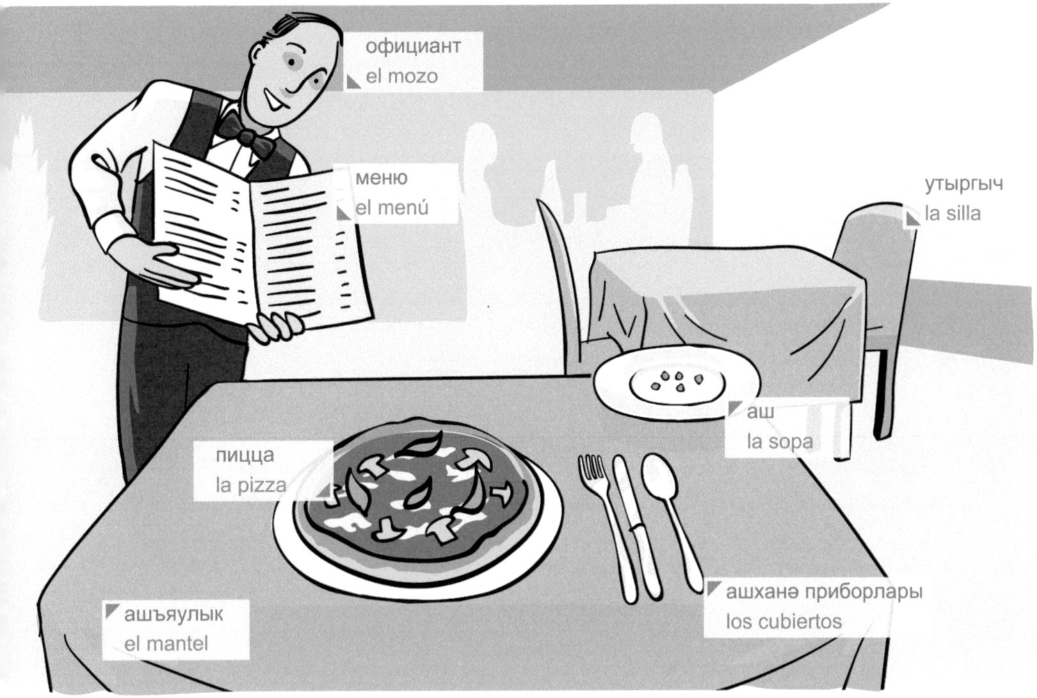

кабымлык

la entrada

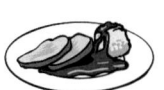

төп ашамлык

el plato principal

десерт

el postre

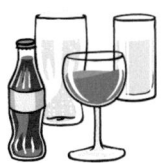

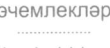

эчемлекләр

las bebidas

азык

la comida

шешә

la botella

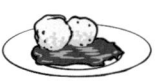

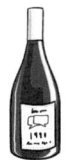

фастфуд

la comida rápida

урам ризыгы

la comida callejera

чәйнек

la tetera

шикәр савыты

la azucarera

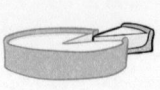

күләм

la porción

кофе кайнаткыч

la cafetera expreso

балалар урындыгы

la sillita alta

исәпләү

la cuenta

поднос

la bandeja

пычак

el cuchillo

чәнечке

el tenedor

кашык

la cuchara

чәй кашыгы

la cucharita

салфетка

la servilleta

стакан

el vaso

тәлинкә

el plato

аш тәлинкәсе

el plato hondo

чәй тәлинкәсе

el plato

соус

la salsa

тоз савыты

el salero

борыч ваклагыч

el molinillo de pimienta

серкә

el vinagre

сыек май

el aceite

тәмләткеч

las especias

кетчуп

el kétchup

горчица

la mostaza

майонез

la mayonesa

супермаркет

el supermercado

махсус тәкъдим
la oferta especial
сатып алучы
el cliente
сөт продуктлары
los lácteos
җимешләр
la fruta
кибеттәге арба
el changuito
FOR

BUTCHERS

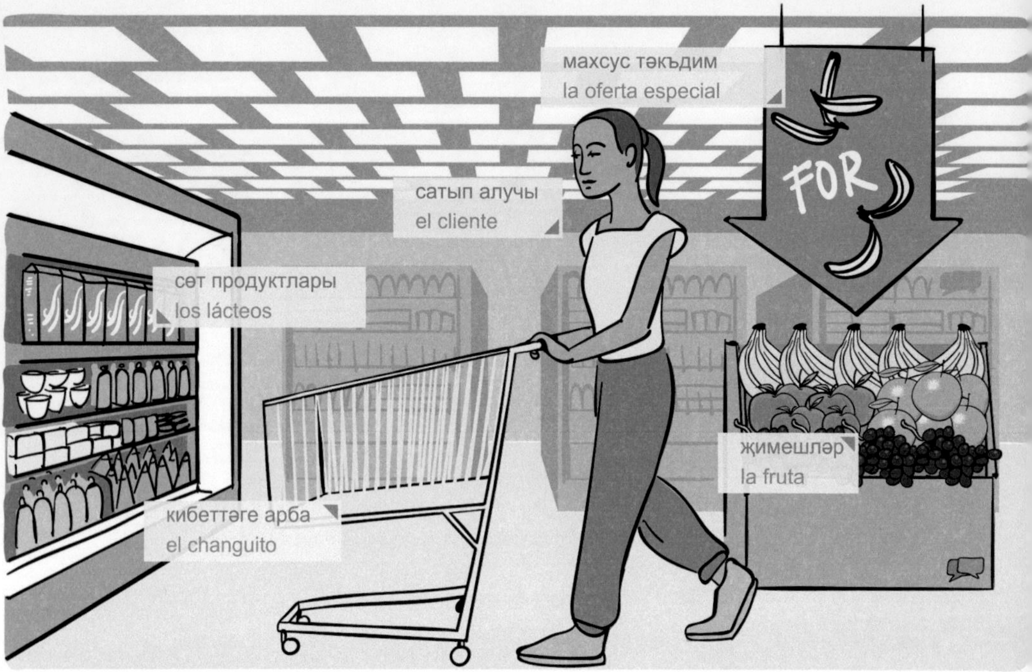

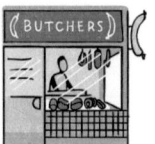

ит кибете

la carnicería

BAKERY

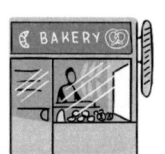

икмәк пешерү йорты

la panadería

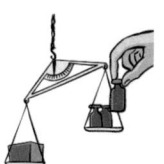

килү

pesar

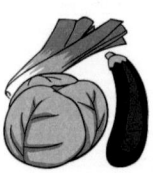

яшелчә

las verduras

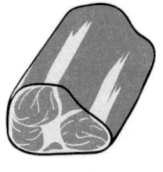

ит

la carne

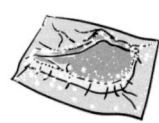

туңдырылган продуктлар

los alimentos congelados

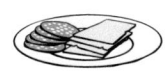

кисәкле ит

los fiambres

консервалар

los alimentos enlatados

кер юу порошогы

el detergente en polvo

тәм-томнар

las golosinas

көнкүреш җиһазлары

los electrodomésticos

юу әйбере

los productos de limpieza

хатын-кыз сатучы

la vendedora

касса

la caja

кассир

el cajero

сатып алган әйберләрнең
исемлеге

la lista de compras

эш вакыты

el horario de atención

бумажник

la billetera

кредит картасы

la tarjeta de crédito

букча

la cartera

полиэтилен пакет

la bolsa de plástico

су

el agua

сок

el jugo

сөт

la leche

кока-кола

la bebida cola

шәраб

el vino

сыра

la cerveza

хәмер

el alcohol

какао

el cacao

чәй

el té

кофе

el café

эспрессо

el café expreso

капучино

el cappuccino

банан

la banana

алма

la manzana

әфлисун

la naranja

карбыз

el melón

лимон

el limón

кишер

la zanahoria

сарымсак

el ajo

бамбук

el bambú

суган

la cebolla

гөмбә

el champiñón

чикләвекләр

las nueces

токмач

los fideos

спагетти

los tallarines

дөге

el arroz

салат

la ensalada

чипсы

las papas fritas

кыздырылган бәрәңге

las papas fritas

пицца

la pizza

гамбургер

la hamburguesa

сэндвич

el sándwich

котлет

el churrasco

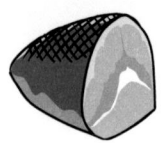

ветчина

el jamón

салями

el salame

сосиска

la salchicha

тавык

el pollo

кыздырма

el asado

балык

el pescado

солы кисәкләре
....
los copos de avena

мюсли
....
el muesli

кукуруз кисәкләре
....
los copos de maíz

он
....
la harina

круассан
....
la medialuna

булка
....
el pancito

икмәк
....
el pan

тост
....
la tostada

печенье
....
las galletitas

май
....
la manteca

эремчек
....
la cuajada

пирог
....
la torta

йомырка
....
el huevo

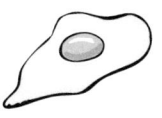

йомырка тәбәсе
....
el huevo frito

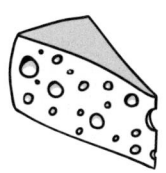

сыр
....
el queso

туңдырма

el helado

шикәр

el azúcar

бал

la miel

кайнатма

la mermelada

шоколадлы паста

la pasta de chocolate

карри

el curry

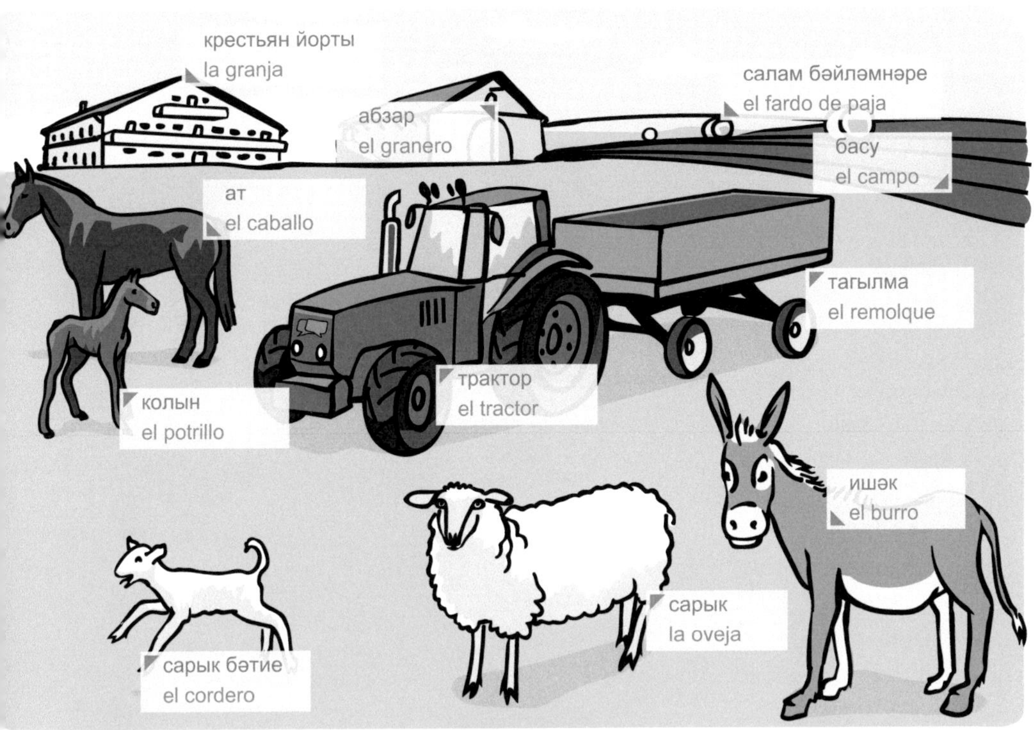

крестьян йорты
la granja

абзар
el granero

салам бәйләмнәре
el fardo de paja

басу
el campo

ат
el caballo

тагылма
el remolque

колын
el potrillo

трактор
el tractor

ишәк
el burro

сарык
la oveja

сарык бәтие
el cordero

кәҗә

la cabra

сыер

la vaca

бозау

el ternero

дуңгыз

el cerdo

дуңгыз баласы

el lechón

үгез

el toro

каз

el ganso

үрдәк

el pato

чеби

el pollo

тавык

la gallina

әтәч

el gallo

күсе

la rata

песи

el gato

тычкан

el ratón

эш үгезе

el buey

эт

el perro

эт оясы

la cucha

бакча шлангысы

la manguera

сусипкеч

la regadera

чалгы

la guadaña

сабан

el arado

урак

la hoz

китмән

la azada

тирес сәнәге

la horquilla

балта

el hacha

кул арбасы

la carretilla

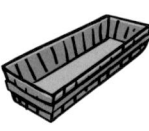

тагарак

el abrevadero

сөт өчен бидон

la lechera

капчык

la bolsa

койма

la reja

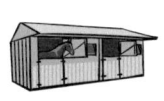

абзар

el establo

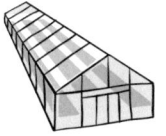

теплица

el invernadero

туфрак

el suelo

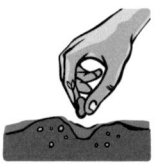

чәчү

la semilla

ашлама

el fertilizador

комбайн

la cosechadora

уңыш җыю

cosechar

уңыш

la cosecha

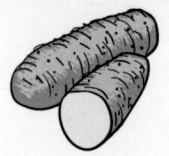

ямса

las batatas

бодай

el trigo

соя

la soja

бәрәңге

la papa

кукуруз

el maíz

рапс

la semilla de colza

җимеш агачы

el árbol frutal

маниок

la mandioca

иген

los cereales

йорт

la casa

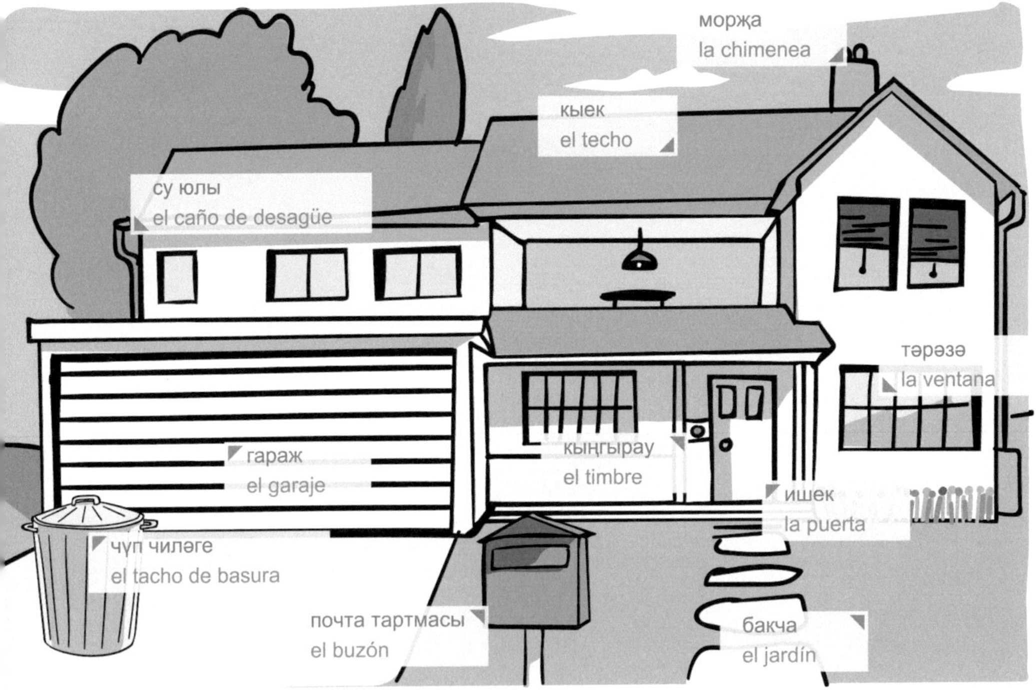
морҗа
la chimenea
кыек
el techo
су юлы
el caño de desagüe
тәрәзә
la ventana
гараж
el garaje
кыңгырау
el timbre
ишек
la puerta
чүп чиләге
el tacho de basura
почта тартмасы
el buzón
бакча
el jardín

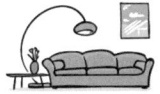

кунак бүлмәсе

el living

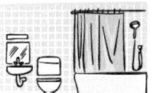

ванна бүлмәсе

el baño

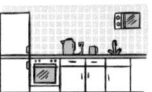

аш бүлмәсе

la cocina

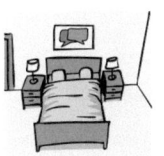

йокы бүлмәсе

el dormitorio

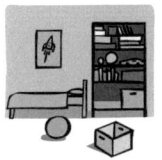

балалар бүлмәсе

el cuarto de los chicos

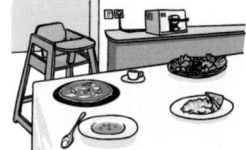

ашханә

el comedor

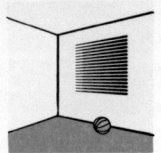

идән

el piso

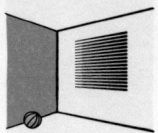

дивар

la pared

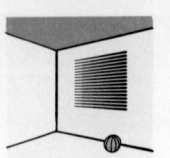

түшәм

el cielorraso

баз

el sótano

сауна

el sauna

балкон

el balcón

терраса

la terraza

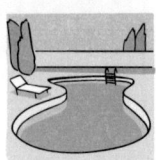

бассейн

la pileta

газон чапкыч

la cortadora de pasto

юрган аслыгы

la sábana

япма

el acolchado

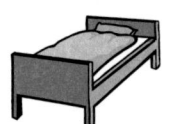

каरават

la cama

себерке

la escoba

чиләк

el balde

сүндергеч

el interruptor

кунак бүлмәсе

el living

обойлар
el empapelado
рәсем
la imagen
лампа
la lámpara
киштә
el estante
шкаф
el armario
телевизор
la televisión
камин
la chimenea
чәчәк
la flor
мендәр
el almohadón
диван
el sofá
ваза
el florero
дистанцион идарә итү пульты
el control remoto

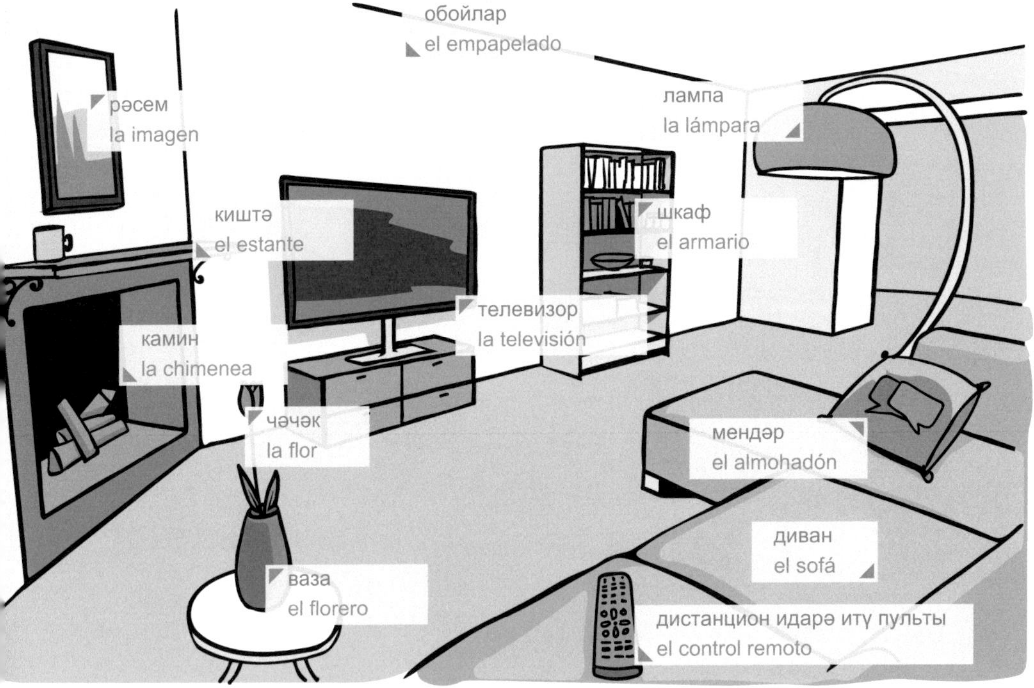

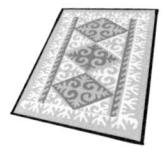

келәм

la alfombra

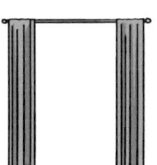

пәрдә

la cortina

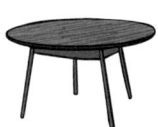

өстәл

la mesa

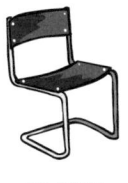

утыргыч

la silla

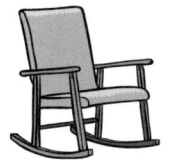

тибрәткеч кәнәфи

la mecedora

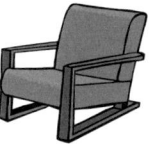

кәнәфи

el sillón

китап

el libro

япма

la frazada

бизәк

la decoración

утын

la leña

фильм

la película

стереосистема

el equipo de música

ачкыч

la llave

газета

el diario

картина

la pintura

плакат

el póster

радио

la radio

блокнот

el cuaderno

тузан суыргыч

la aspiradora

кактус

el cactus

шәм

la vela

аш бүлмәсе
la cocina

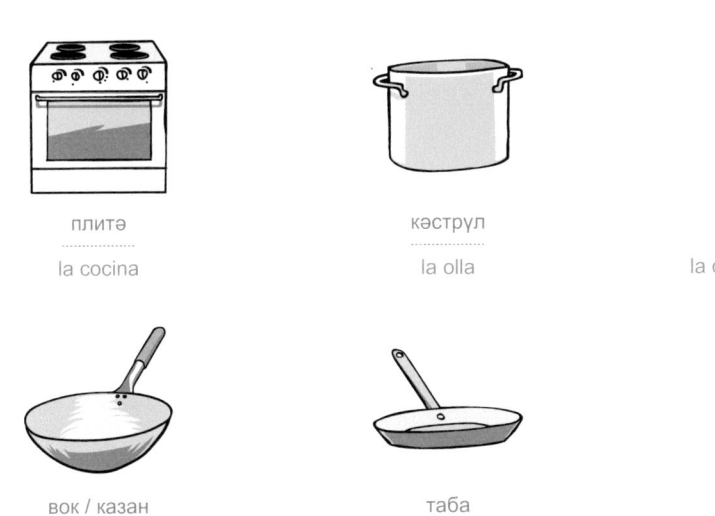

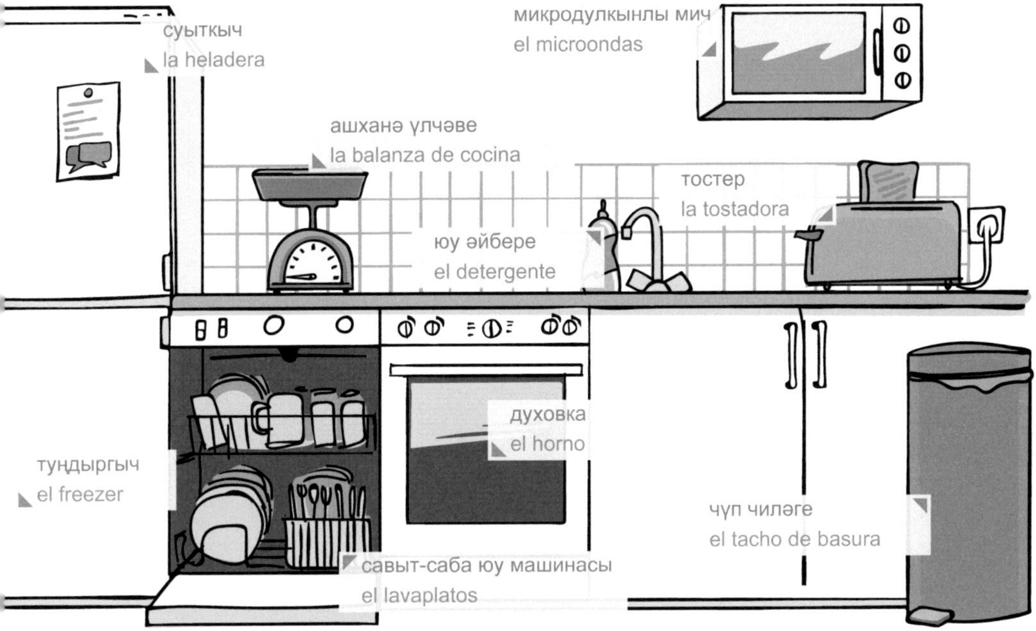
суыткыч
la heladera
микродулкынлы мич
el microondas
ашханә үлчәве
la balanza de cocina
тостер
la tostadora
юу әйбере
el detergente
духовка
el horno
туңдыргыч
el freezer
чүп чиләге
el tacho de basura
савыт-саба юу машинасы
el lavaplatos

плитә

la cocina

кәстрүл

la olla

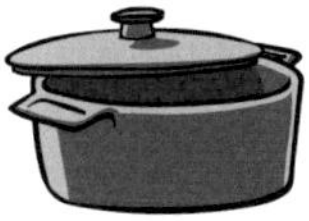

чуен казан

la olla de hierro fundido

вок / казан

el wok

таба

la sartén

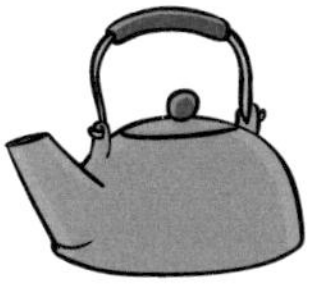

чәйнек

la pava

парда пешергеч

la vaporera

калай таба

la bandeja de horno

савыт-саба

la vajilla

кружка

la taza

җамаяк

el bol

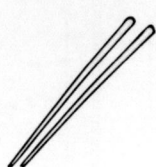

таякчык

los palitos

аш чүмече

el cucharón

лопатка

la espátula

туглауыч

la batidora

иләк

el colador

иләк

el colador

кыргыч

el rallador

төйгеч

el mortero

гриль

la parrilla

учак

la fogata

такта

la tabla de picar

уклау

el palo de amasar

бөке суыргыч

el sacacorchos

калай банк

la lata

консерв ачу өчен пычак

el abrelatas

элэктергеч

la manopla

раковина

la pileta

щётка

el cepillo

губка

la esponja

миксер

la batidora

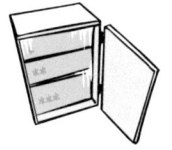

туңдыру камерасы

el congelador

ашату өчен шешэ

la mamadera

кран

la canilla

ванна бүлмәсе
el baño

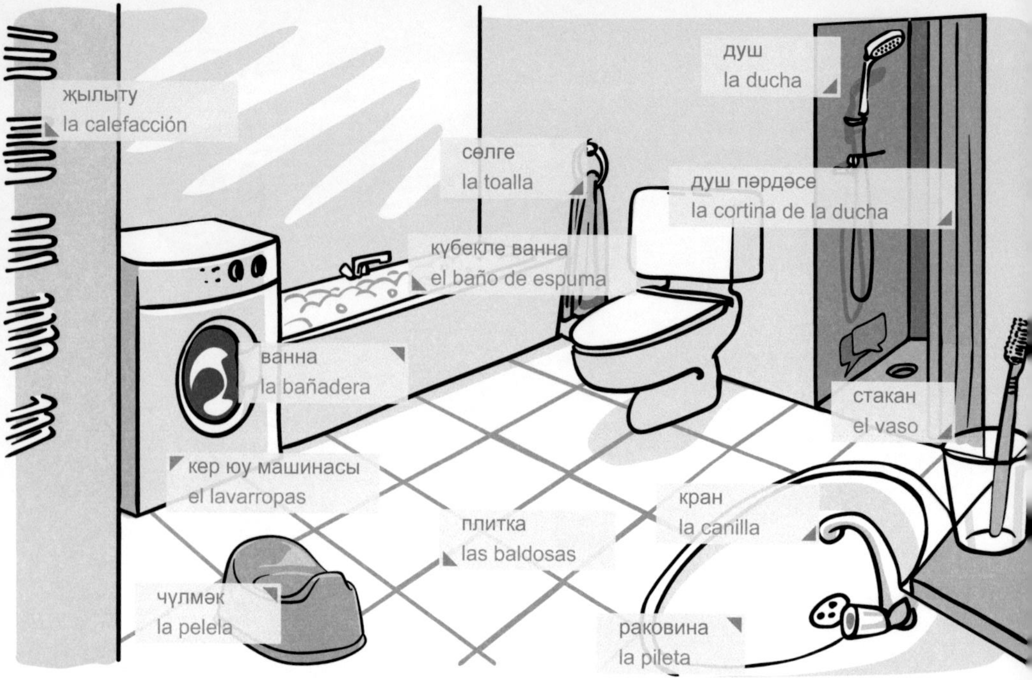

душ
la ducha

жылыту
la calefacción

сөлге
la toalla

душ пәрдәсе
la cortina de la ducha

күбекле ванна
el baño de espuma

ванна
la bañadera

стакан
el vaso

кер юу машинасы
el lavarropas

плитка
las baldosas

кран
la canilla

чүлмәк
la pelela

раковина
la pileta

бәдрәф

el inodoro

унитаз

la letrina

биде

el bidé

писсуар

el mingitorio

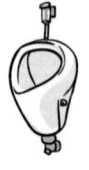

бәдрәф кәгазе

el papel higiénico

керпе кебек чистарткыч

el cepillo para el inodoro

теш щеткасы

el cepillo de dientes

теш пастасы

el dentífrico

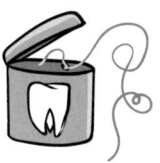

теш җебе

el hilo dental

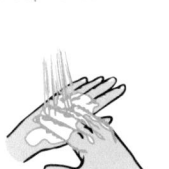

юу

lavar

кул душы

la ducha de mano

душ

la ducha higiénica

оча сөяге

la palangana

аврка өчен щетка

el cepillo para la espalda

сабын

el jabón

душ өчен гель

el gel de ducha

шампунь

el shampoo

мунчала

la toallita

агым

el desagüe

крем

la crema

дезодорант

el desodorante

көзге

el espejo

кул көзгесе

el espejito

пәке

la maquinita de afeitar

кырыну өчен күбек

la espuma de afeitar

Кырынаганнан соң
кулланыла торган лосьон

el aftershave

тарак

el peine

щётка

el cepillo

фен

el secador de pelo

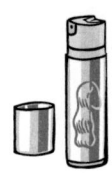

чәчләр лагы

el spray

косметика

el maquillaje

ирен буявы

el lápiz de labios

тырнаклар лагы

el esmalte para uñas

мамык

el algodón

маникюр кайчысы

la tijera para uñas

хушбуй

el perfume

косметика савыты

el portacosméticos

урындык

la banqueta

үлчәү

la balanza

халат

la bata

резин перчаткалар

los guantes de goma

тампон

el tampón

гигиена җәймәсе

la toallita femenina

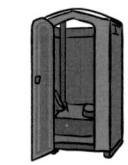

биотуалет

el baño químico

балалар бүлмәсе

el cuarto de los chicos

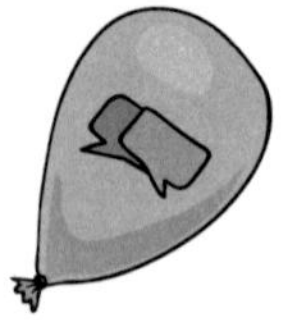

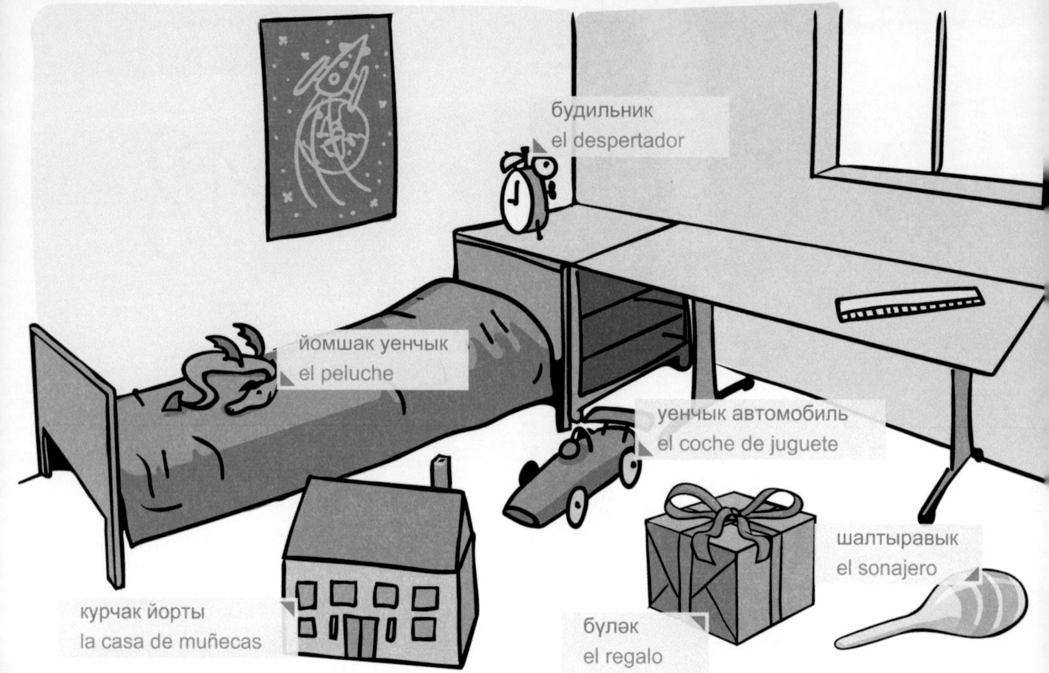
будильник
el despertador
йомшак уенчык
el peluche
уенчык автомобиль
el coche de juguete
шалтыравык
el sonajero
курчак йорты
la casa de muñecas
бүләк
el regalo

һава шары

el globo

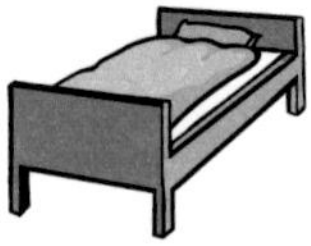

караватa

la cama

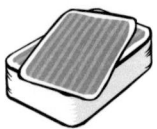

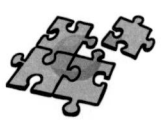

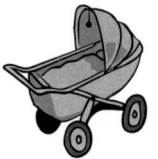

балалар коляскасы

el cochecito

кәрт уены

las cartas

пазл

el rompecabezas

SUPER
MEGA

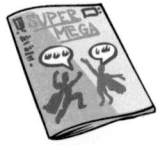

комикс

la historieta

Лего кирпечекләре

las piezas de lego

шакмак

los ladrillos de juguete

уенчык

la figura de acción

ползунки

el enterito (de bebé)

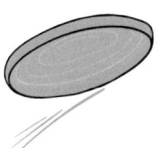

фрисби

el frisbee

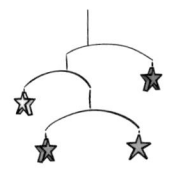

мобиль

el móvil para bebés

өстәл уены

el juego de mesa

шакмак

los dados

тимер юл моделе

el tren eléctrico

имезлек

el chupete

кичә

la fiesta

рәсемнәр белән бизәлгән
китап

el libro de cuentos ilustrado

туп

la pelota

курчак

la muñeca

уйнау

jugar

комлык

el arenero

таган

la hamaca

уенчык

los juguetes

уен приставкасы

la consola de videojuegos

өч көпчәкле велосипед

el triciclo

плюш аю

el osito de peluche

кием-салым шкафы

el armario

кием

la ropa

оекбаш

las medias

оек

las medias panty

колготки

las calzas

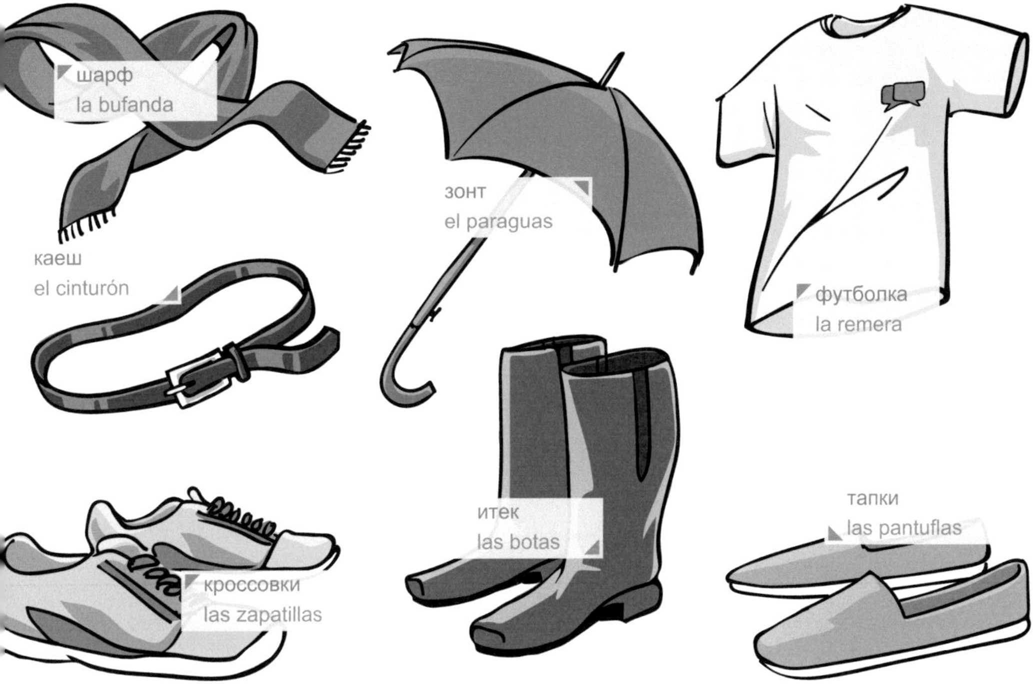

шарф
la bufanda

зонт
el paraguas

каеш
el cinturón

футболка
la remera

итек
las botas

тапки
las pantuflas

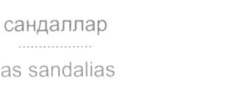

кроссовки
las zapatillas

сандаллар

las sandalias

ботинкалар

los zapatos

резин итекләр

las botas de goma

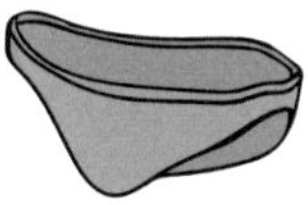

трусик

la ropa interior

бюстгальтер

el corpiño

майка

el chaleco

боди

el body

чалбар

los pantalones

джинсы

los jeans

итәк

la pollera

блузка

la blusa

күлмәк

la camisa

свитер

el pulóver

свитер

el buzo

спорт курткасы

el blazer

жакет

la campera

пәлтә

el tapado

плащ

el piloto

костюм

el traje

күлмәк

el vestido

туй күлмәге

el vestido de novia

ирләр костюмы

el traje

төнге эчке күлмәк

el camisón

пижама

el pijama

сари

el sari

яулык

el pañuelo para la cabeza

чалма

el turbante

пәрәнҗә

la burka

кафтан

el caftán

абайя

la abaya

коену костюмы

el traje de baño

плавки

el short de baño

шорт

los shorts

спорт костюмы

el jogging

алъяпкыч

el delantal

перчаткалар

los guantes

төймә

el botón

күзлек

los anteojos

беләзек

la pulsera

чылбыр

el collar

балдак

el anillo

алка

el aro

бүрек

la gorra

элгеч

la percha

эшләпә

el sombrero

галстук

la corbata

молния каптырмасы

el cierre

каска

el casco

подтяжка

los tiradores

мәктәп формасы

el uniforme escolar

форма

el uniforme

балалар күкрәкчәсе

el babero

имезлек

el chupete

подгузник

el pañal

офис
la oficina

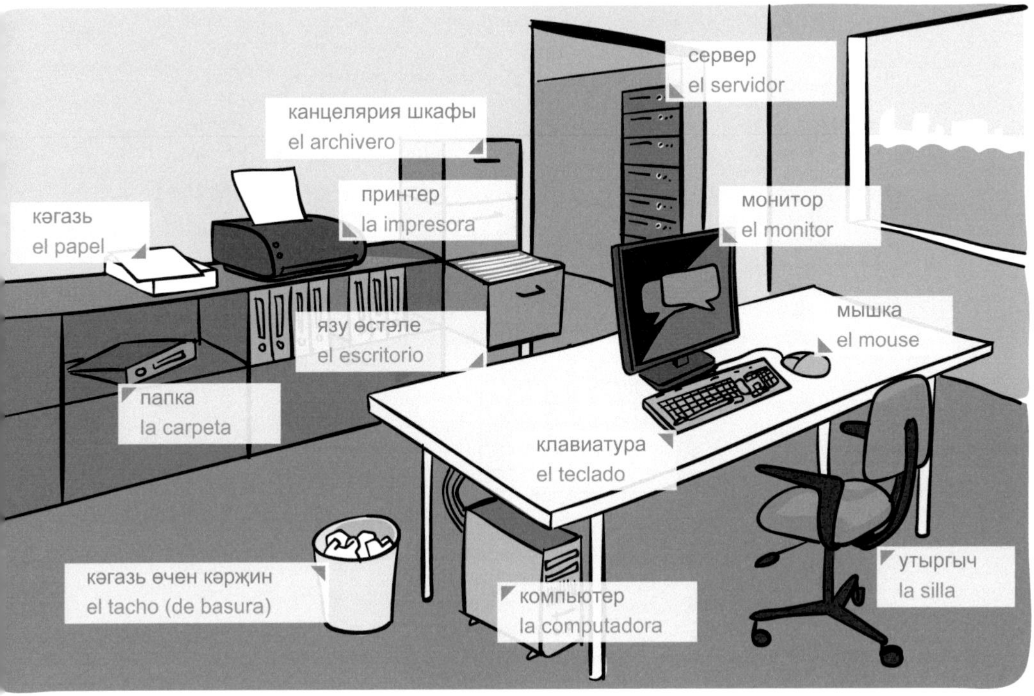

сервер
el servidor

канцелярия шкафы
el archivero

принтер
la impresora

монитор
el monitor

кәгазь
el papel

язу өстәле
el escritorio

мышка
el mouse

папка
la carpeta

клавиатура
el teclado

кәгазь өчен кәрҗин
el tacho (de basura)

утыргыч
la silla

компьютер
la computadora

кофе кружкасы

la taza de café

калькулятор

la calculadora

интернет

el internet

ноутбук

la laptop

хат

la carta

хәбәр

el mensaje

кесә телефоны

el celular

челтәр

la red

ксерокс

la fotocopiadora

программа

el software

телефон

el teléfono

розетка

el tomacorriente

факс

el fax

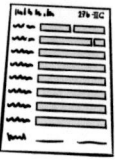

формуляр

el formulario

документ

el documento

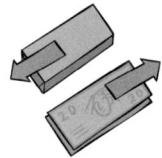

сатып алу

comprar

түләү

pagar

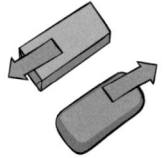

сәүдә

hacer negocios

акча

el dinero

доллар

el dólar

евро

el euro

иена

el yen

сум

el rublo

франк

el franco suizo

жэньминьби юань

el yuan

рупия

la rupia

банкомат

el cajero automático

валюта алмаштыру
пункты
la casa de cambio

алтын
el oro

көмеш
la plata

җир мае
el petróleo

энергия
la energía

бәя
el precio

килешү
el contrato

салым
el impuesto

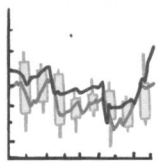

акция
la acción

эш
trabajar

эшче
el empleado

эш бирүче
el empleador

фабрика
la fábrica

кибет
el negocio

профессияләр
las ocupaciones

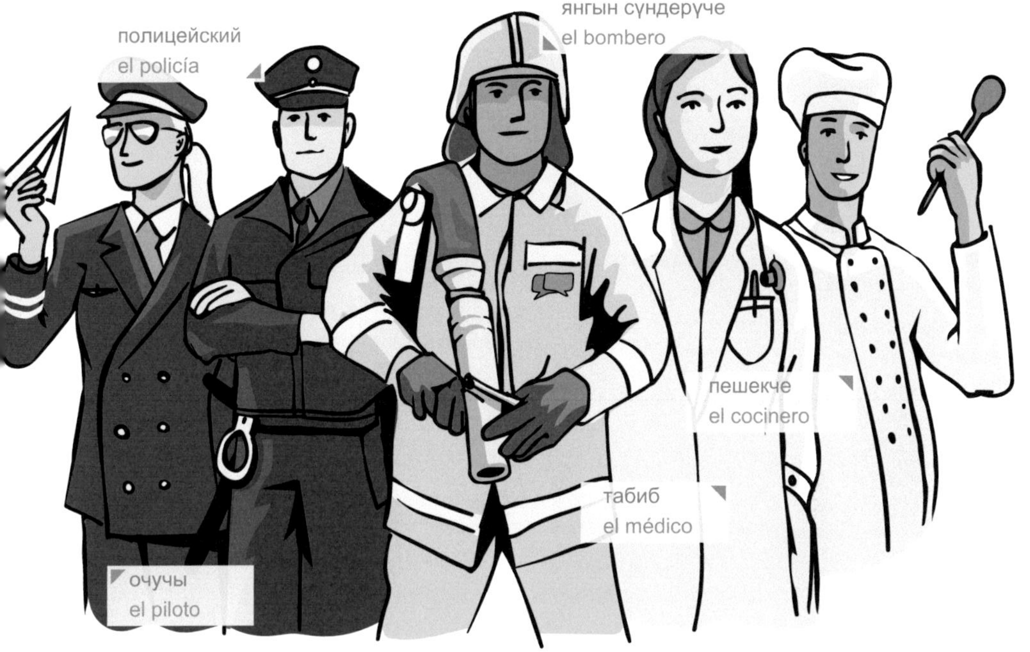
полицейский
el policía
янгын сүндерүче
el bombero
пешекче
el cocinero
табиб
el médico
очучы
el piloto

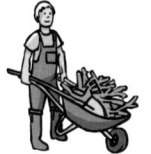

бакчачы

el jardinero

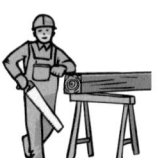

агач остасы

el carpintero

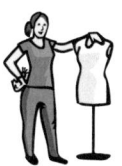

тегүче

la modista

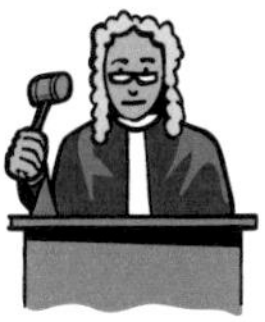

хаким

el juez

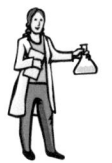

химик

el farmacéutico

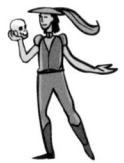

актер

el actor

автобус йөртүче

el colectivero

таксист

el taxista

балыкчы

el pescador

җыештыручы хатын

la mucama

түбә ябучы

el techista

официант

el mozo

аучы

el cazador

рәссам

el pintor

пешекче

el panadero

электрик

el electricista

төзүче

el albañil

инженер

el ingeniero

итче

el carnicero

сантехник

el plomero

хат ташучы

el cartero

солдат

el soldado

архитектор

el arquitecto

кассир

el cajero

чәчәкче

el florista

парикмахер

el peluquero

кондуктор

el cobrador

механик

el mecánico

капитан

el capitán

теш табибы

el dentista

галим

el científico

раввин

el rabino

имам

el imán

монах

el monje

рухани

el sacerdote

кораллар

las herramientas

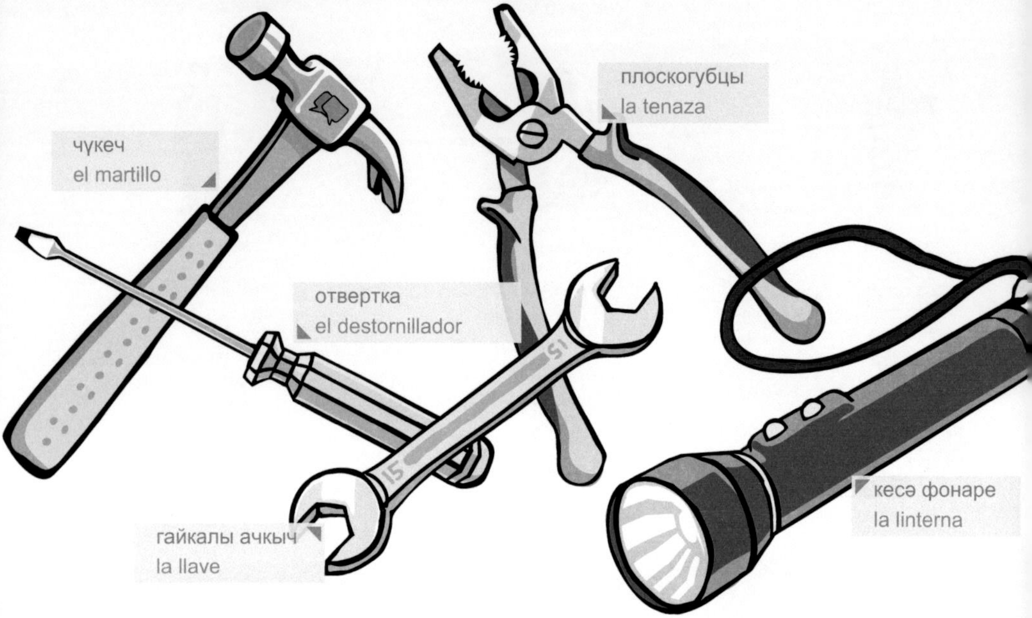
плоскогубцы
la tenaza
чүкеч
el martillo
отвертка
el destornillador
кесә фонаре
la linterna
гайкалы ачкыч
la llave

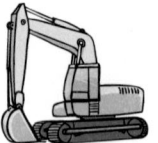

экскаватор
la excavadora

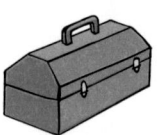

инструментлар өчен тартма
la caja de herramientas

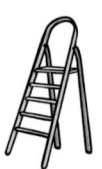

баскыч
la escalera portátil

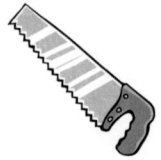

пычкы
la sierra

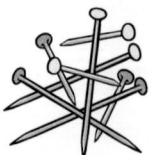

кадаклар
los clavos

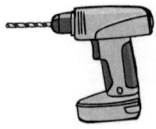

дрель
el taladro

төзәтү

arreglar

көрәк

la pala de jardín

Шайтан алгыры!

¡Qué bronca!

соскы

la pala de plástico

савытлы буяу

el tacho de pintura

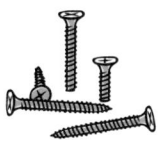

винтлар

los tornillos

музыкаль инструментлар
los instrumentos musicales

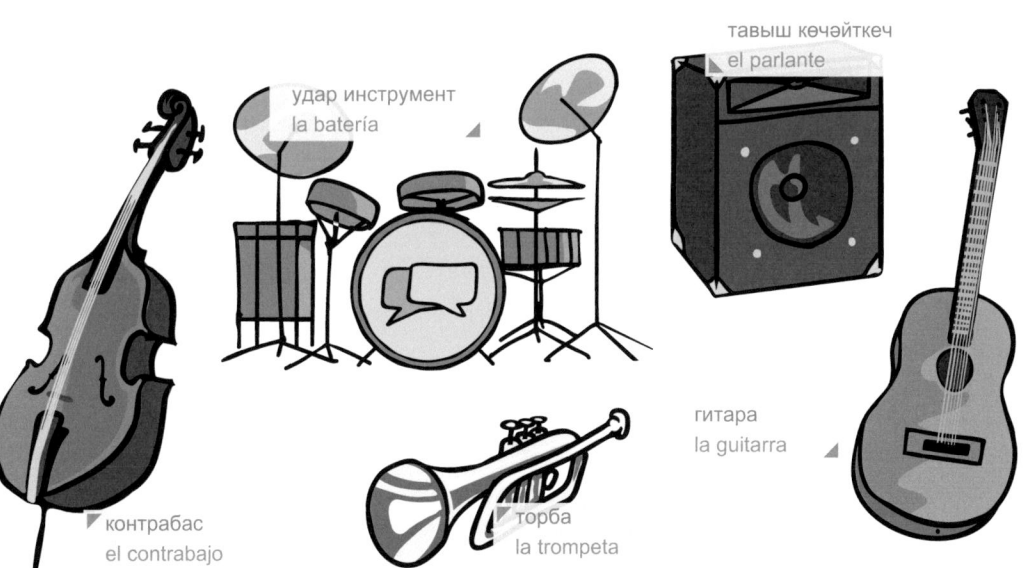

удар инструмент
la batería

тавыш көчәйткеч
el parlante

гитара
la guitarra

контрабас
el contrabajo

торба
la trompeta

пианино

el piano

скрипка

el violín

бас-гитара

el bajo

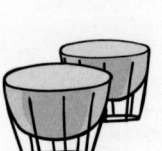

литавра

los timbales

барабан

el tambor

синтезатор

el teclado

саксофон

el saxofón

флейта

la flauta

микрофон

el micrófono

зоопарк
el zoológico

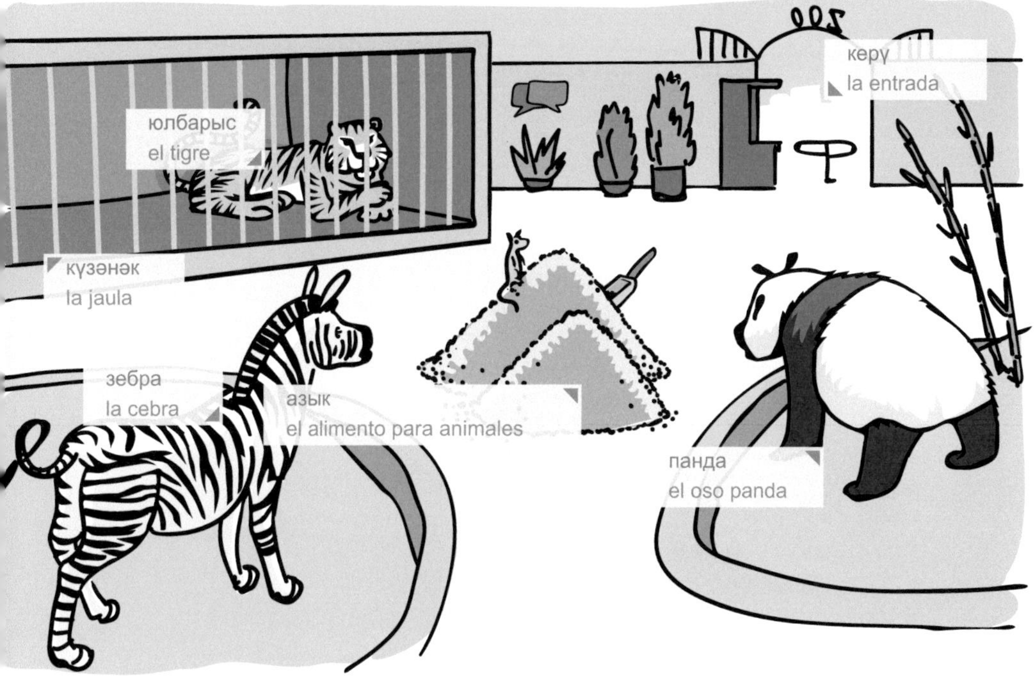
керү
la entrada
юлбарыс
el tigre
күзәнәк
la jaula
зебра
la cebra
азык
el alimento para animales
панда
el oso panda

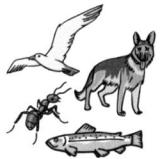

хайваннар

los animales

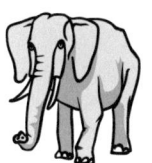

фил

el elefante

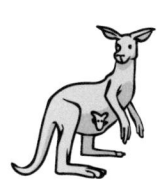

көнгерә

el canguro

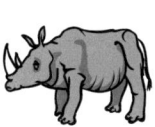

мөгезборын

el rinoceronte

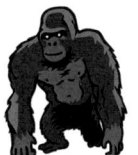

горилла

el gorila

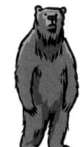

аю

el oso

дөя

el camello

тәвә кошы

el avestruz

арыслан

el león

маймыл

el mono

фламинго

el flamenco

тутый кош

el loro

ак аю

el oso polar

пингвин

el pingüino

акула

el tiburón

тавис

el pavo real

елан

la serpiente

крокодил

el cocodrilo

зоопарк хезмәткәре

el cuidador del zoológico

тюлень

la foca

ягуар

el jaguar

пони

el poni

каплан

el leopardo

су үгезе

el hipopótamo

жираф

la jirafa

бөркет

el águila

кабан дуңгызы

el jabalí

балык

el pescado

ташбака

la tortuga

морж

la morsa

төлке

el zorro

газәл

la gacela

америка футболы
el fútbol americano

велосипедта йөрү
el ciclismo

теннис
el tenis

баскетбол
el básquet

йөзү
la natación

бокс
el boxeo

хоккей
el hockey sobre hielo

футбол

el fútbol

бадминтон

el bádminton

җиңел атлетика

el atletismo

гандбол

el handball

чаңгы спорты

el esquí

поло

el polo

сикеру
saltar

көлү
reír

кочаклау
abrazar

бару
caminar

җырлау
cantar

хыяллану
soñar

гыйбадәт кылу
rezar

үбү
besar

язу
escribir

рәсем ясау
dibujar

күрсәтү
mostrar

басу
presionar

биру
dar

алу
tomar

үзеңдә булдыру

tener

эшләү

hacer

булу

ser

басып тору

estar parado

йөгерү

correr

тарту

tirar

ташлау

tirar

егылу

caer

яту

estar acostado

көтү

esperar

йөртү

llevar

утыру

estar sentado

кию

vestirse

йоклау

dormir

уяну

despertar

карау

mirar

елау

llorar

үтекләү

acariciar

тарау

peinar

әйтү

hablar

аңлау

entender

сорау

preguntar

тыңлау

escuchar

эчү

beber

ашау

comer

тәртипкә китерү

ordenar

сөю

amar

әзерләү

cocinar

машинада бару

manejar

очу

volar

хәрәкәт - las actividades

Җилкәндә йөрү

navegar

исәпләү

calcular

уку

leer

уку

aprender

эш

trabajar

никахлашу

casarse

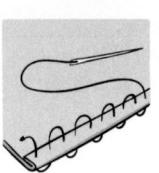

тегү

coser

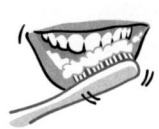

тешләрне чистарту

cepillarse los dientes

үтерү

matar

тәмәке тарту

fumar

җибәрү

enviar

әби
la abuela

бабай
el abuelo

әти
el padre

әни
la madre

сабый
el bebé

кыз
la hija

ул
el hijo

кунак

el invitado

түти

la tía

абый

el tío

кардәш

el hermano

апа

la hermana

el cuerpo

маңгай
la frente

күз
el ojo

кулбаш
el hombro

бармак
el dedo

бит
la cara

ияк
la pera

кул чугы
la mano

күкрәк
el pecho

аяк
la pierna

кул
el brazo

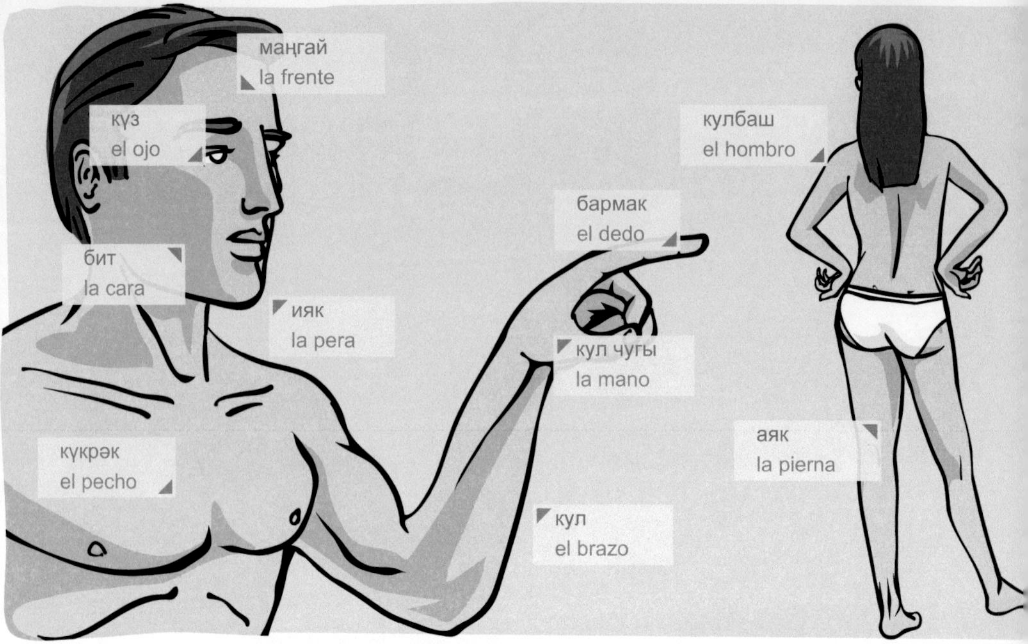

сабый

el bebé

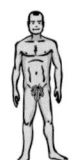

ир

el hombre

хатын

la mujer

кыз

la nena

малай

el nene

баш

la cabeza

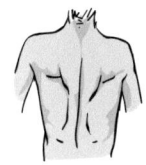

арка

la espalda

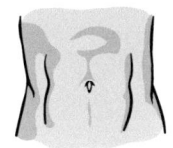

эч

la panza

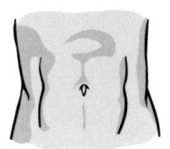

кендек

el ombligo

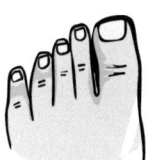

аяк бармагы

el dedo del pie

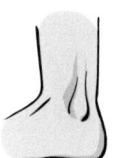

үкчә

el talón

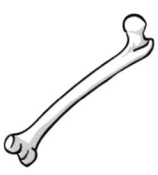

сөяк

el hueso

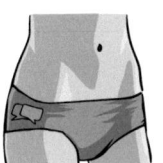

бот

la cadera

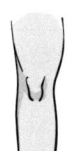

тез

la rodilla

терсәк

el codo

борын

la nariz

арт сан

la cola

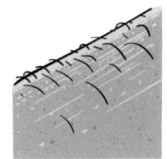

тире

la piel

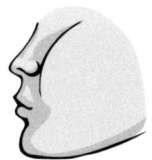

яңак

el cachete

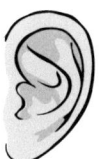

колак

la oreja

ирен

el labio

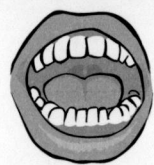

авыз

la boca

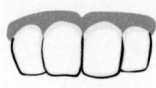

теш

el diente

тел

la lengua

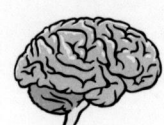

ми

el cerebro

йөрәк

el corazón

мускул

el músculo

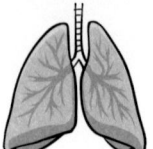

үпкәләр

el pulmón

бавыр

el hígado

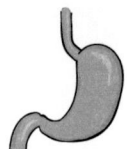

ашказан

el estómago

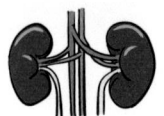

бөерләр

los riñones

җенси акт

el sexo

презерватив

el preservativo

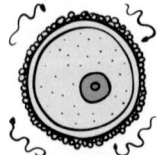

күкәйлек

el óvulo

сперма

el semen

көмәнлек

el embarazo

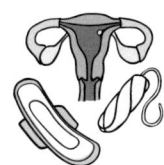

күрем

la menstruación

вагина

la vagina

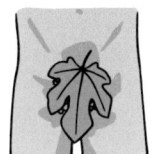

пенис

el pene

каш

la ceja

чәчләр

el pelo

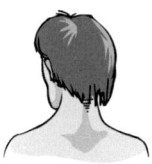

муен

el cuello

хастаханә
el hospital

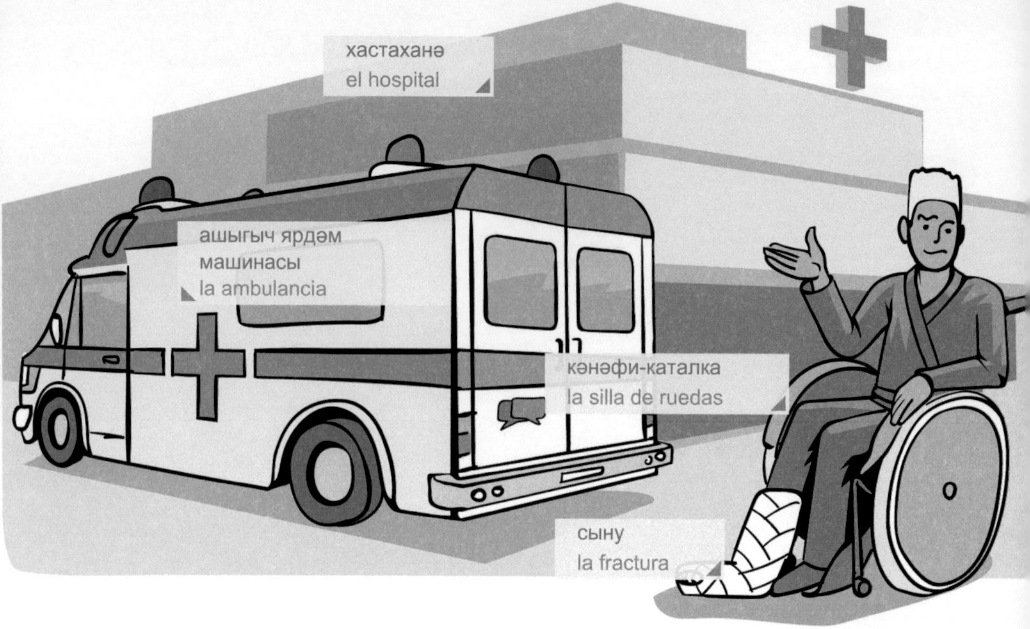

хастаханә
el hospital
ашыгыч ярдәм машинасы
la ambulancia
кәнәфи-каталка
la silla de ruedas
сыну
la fractura

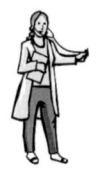

табиб

el médico

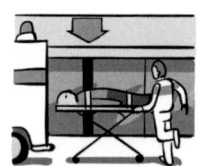

беренче ярдәм пункты

la sala de guardia

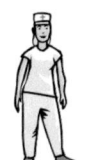

шәфкать туташы

la enfermera

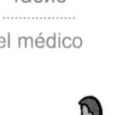

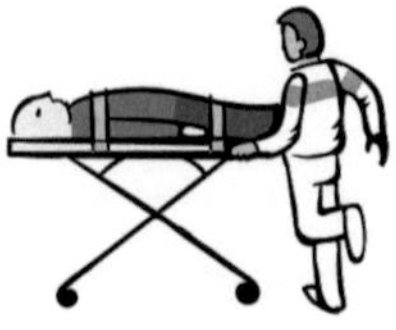

кичектергесез хәл

la emergencia

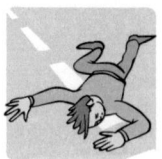

аңсыз

inconsciente

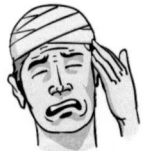

авырту

el dolor

зыян килү

la lesión

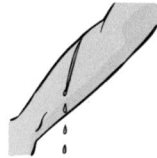

кан агу

la hemorragia

инфаркт

el infarto

инсульт

el ACV

аллергия

la alergia

ютәл

la tos

югары температура

la fiebre

грипп

la gripe

эч китү

la diarrea

баш авырту

el dolor de cabeza

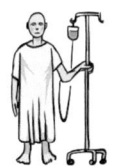

кысла

el cáncer

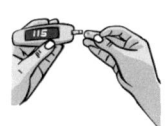

диабет

la diabetes

хирург

el cirujano

скальпель

el bisturí

операция

la operación

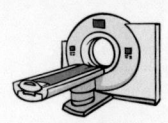

КТ

la TC

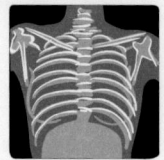

рентген

los rayos x

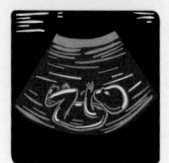

ультратавыш

la ecografía

битлек

el barbijo

авыру

la enfermedad

кабул итү бүлмәсе

la sala de espera

култык таягы

la muleta

пластырь

la curita

бинт

la venda

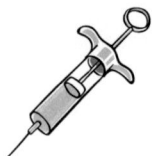

укол кадау

la inyección

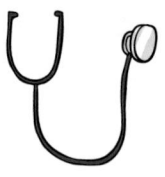

стетоскоп

el estetoscopio

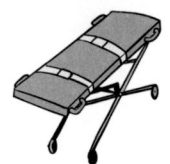

носилки

la camilla

термометр

el termómetro

туу

el nacimiento

артык авырлык

el sobrepeso

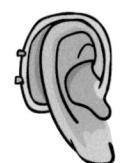

колак аппараты

el audífono

йогышсызландыру чарасы

el desinfectante

инфекция

la infección

вирус

el virus

ВИЧ / СПИД

el VIH / SIDA

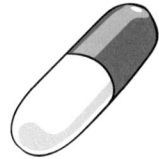

дару

el remedio

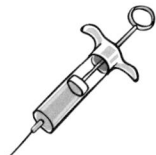

прививка

la vacunación

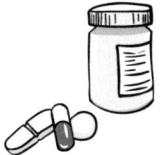

таблеткалар

los comprimidos

балага узмас өчен таблетка

la pastilla anticonceptiva

ашыгыч чакыру

la llamada de emergencia

кан басымын үлчәү өчен прибор

el tensiómetro

авыру / сәламәт

enfermo / sano

Ярдәм итегез!

¡Ayuda!

тревога сигналы

la alarma

һөҗүм итү

la agresión

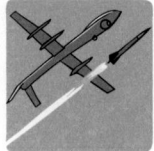

һөҗүm

el ataque

куркыныч

el peligro

запас чыгу урыны

la salida de emergencia

Янгын!

¡Fuego!

ут сүндергеч

el matafuego

каза

el accidente

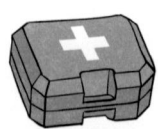

дарухана

el botiquín de primeros
auxilios

SOS

el SOS

полиция

la policía

Европа

Europa

Төньяк Америка

América del Norte

Көньяк Америка

América del Sur

Африка

África

Азия

Asia

Австралия

Australia

Атлантик океан

el Atlántico

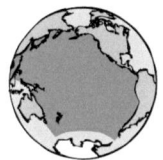

Тын океан

el Pacífico

Һинд океаны

el Océano Índico

Антарктик океан

el Océano Antártico

Төньяк Боз океаны

el Océano Ártico

Төньяк полюс

el polo norte

Көньяк полюс

el polo sur

Антарктика

la Antártida

җир

la Tierra

коры җир

la tierra

диңгез

el mar

утрау

la isla

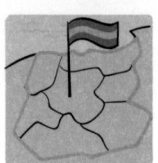

милләт

la nación

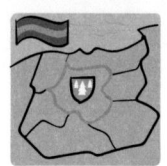

дәүләт

el estado

сәгать циферблаты

la esfera

сәгать угы

la manecilla de las horas

минут угы

el minutero

секунд угы

el segundero

Әле сәгать ничә?

¿Qué hora es?

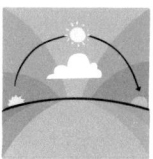

көн

el día

вакыт

la hora

хәзер

ahora

электрон сәгать

el reloj digital

минут

el minuto

сәгать

la hora

атна

la semana

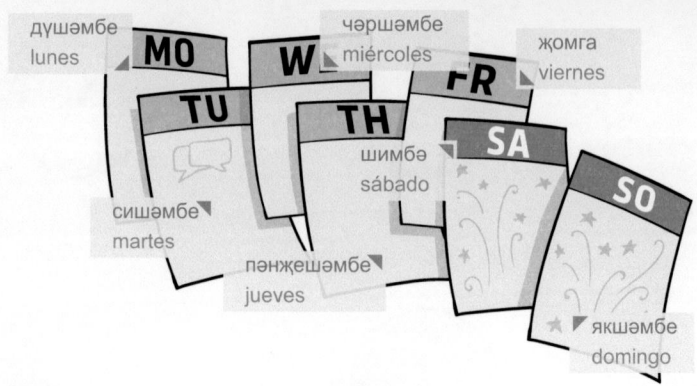

дүшәмбе
lunes

чәршәмбе
miércoles

җомга
viernes

сишәмбе
martes

шимбә
sábado

пәнҗешәмбе
jueves

якшәмбе
domingo

кичә

ayer

бүген

hoy

иртәгә

mañana

иртә

la mañana

төш

el mediodía

кич

la tarde

эш көннәре

los días hábiles

ял көннәре

el fin de semana

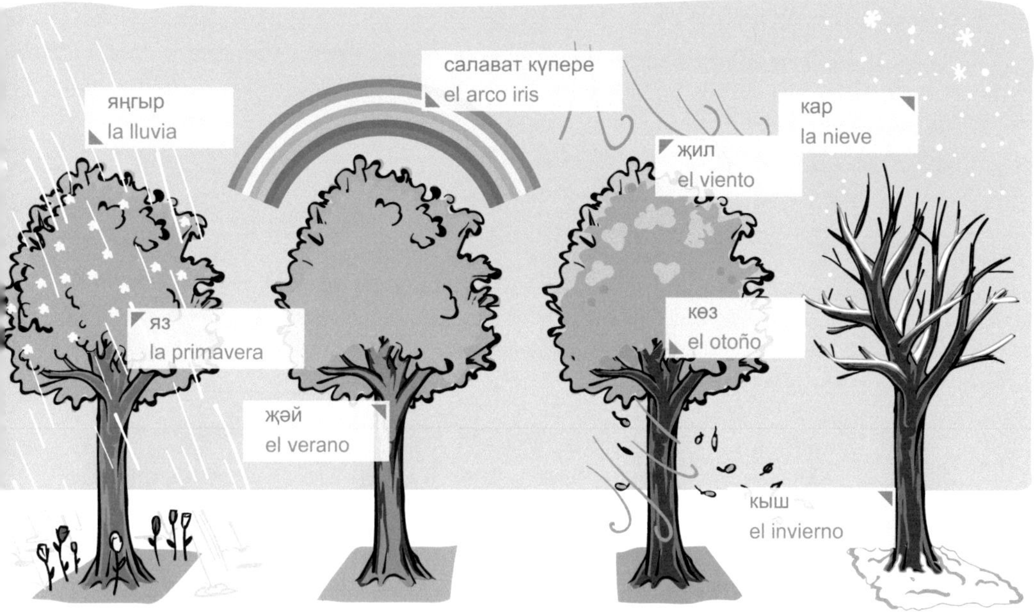

яңгыр
la lluvia

салават күпере
el arco iris

кар
la nieve

жил
el viento

яз
la primavera

көз
el otoño

жәй
el verano

кыш
el invierno

hава торышы
el pronóstico meteorológico

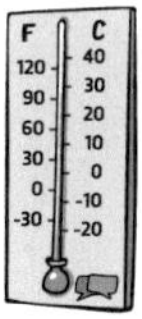

термометр
el termómetro

кояш яктысы
la luz del sol

болыт
la nube

томан
la niebla

дымлылык
la humedad

яшен

el rayo

күк күкрәү

el trueno

давыл

la tormenta

боз

el granizo

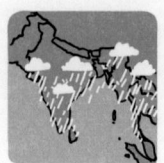

муссон

el monzón

су басу

la inundación

боз

el hielo

гыйнвар

enero

февраль

febrero

март

marzo

апрель

abril

май

mayo

июнь

junio

июль

julio

август

agosto

сентябрь

septiembre

октябрь

octubre

ноябрь

noviembre

декабрь

diciembre

формалар

las formas

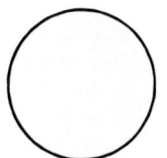

божра

el círculo

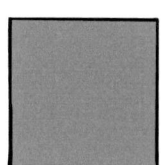

квадрат

el cuadrado

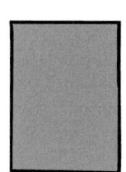

турыпочмак

el rectángulo

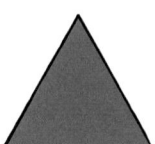

өчпочмак

el triángulo

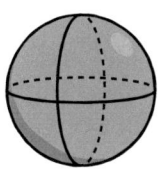

шар

la esfera

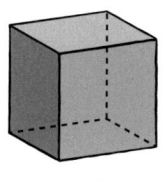

куб

el cubo

colores

ак

blanco

сары

amarillo

кызгылт сары

naranja

ал

rosa

кызыл

rojo

шәмәхә

violeta

зәңгәр

azul

яшел

verde

көрән

marrón

соры

gris

кара

negro

күп / аз

mucho / poco

усал / тыныч

enojado / tranquilo

матур / ямьсез

lindo / feo

башы / ахыры

el principio / el fin

зур / кечкенә

grande / chico

якты / караңгы

claro / oscuro

абый / эне

el hermano / la hermana

чиста / пычрак

limpio / sucio

тулы / тулы түгел

completo / incompleto

көн / төн

el día / la noche

үле / тере

muerto / vivo

киң / тар

ancho / angosto

ашарга яраклы / ашарга
яраксыз

comestible / no comestible

явыз / яхшы

malo / amable

дулкынланган / сагынган

entusiasmado / aburrido

юан / ябык

gordo / flaco

башта / азакта

primero / último

дус / дошман

el amigo / el enemigo

тулы / буш

lleno / vacío

каты / йомшак

duro / blando

авыр / җиңел

pesado / liviano

ачлык / сусау

el hambre / la sed

авыру / сәламәт

enfermo / sano

хокуксыз / хокуклы

ilegal / legal

акыллы / акылсыз

inteligente / estúpido

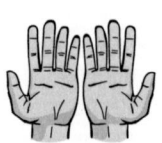

сулдан / уңнан

izquierda / derecha

якын / ерак

cerca / lejos

яңа / тотылган

nuevo / usado

бер нәрсә дә / нәрсәдер

nada / algo

өлкән / яшь

viejo / joven

тоташтырылган / сүндерелгән

encendido / apagado

ачык / ябык

abierto / cerrado

әкрен / кычкырып

silencioso / ruidoso

бай / ярлы

rico / pobre

дөрес / дөрес түгел

correcto / incorrecto

кытыршы / шома

áspero / suave

моңсу / бәхетле

triste / contento

кыска / озын

corto / largo

җай / тиз

lento / rápido

дымлы / коры

mojado / seco

җылы / салкын

caliente / frío

сугыш / тынычлык

guerra / paz

0

ноль

cero

1

бер

uno

2

ике

dos

3

өч

tres

4

дүрт

cuatro

5

биш

cinco

6

алты

seis

7

җиде

siete

8

сигез

ocho

9

тугыз

nueve

10

ун

diez

11

унбер

once

12

унике

doce

13

унөч

trece

14

ундүрт

catorce

15

унбиш

quince

16

уналты

dieciséis

17

унҗиде

diecisiete

18

унсигез

dieciocho

19

унтугыз

diecinueve

20

егерме

veinte

100

йөз

cien

1.000

мең

mil

1.000.000

миллион

el millón

los idiomas

инглизчə

el inglés

американча инглиз

el inglés americano

мандаринча Кытай

el chino mandarín

һинди

el hindi

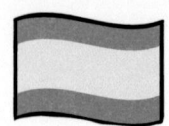

испан

el español

француз

el francés

гарəп

el árabe

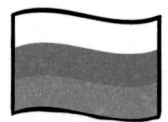

рус

el ruso

португал

el portugués

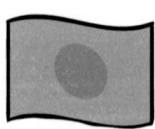

бенгал

el bengalí

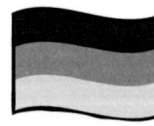

алман

el alemán

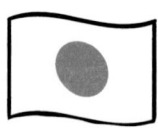

япон

el japonés

мин

yo

син

vos

ул / ул / ул

él / ella

без

nosotros

сез

ustedes

алар

ellos

кем?

¿quién?

нәрсә?

¿qué?

ничек?

¿cómo?

кайда?

¿dónde?

кайчан?

¿cuándo?

исем

el nombre

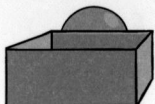

артта

detrás

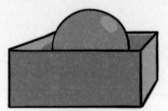

эчендә

en

алда

adelante de

өстендә

por encima de

өстенә

sobre

астында

debajo de

янәшә

al lado de

арасында

entre

урын

el lugar